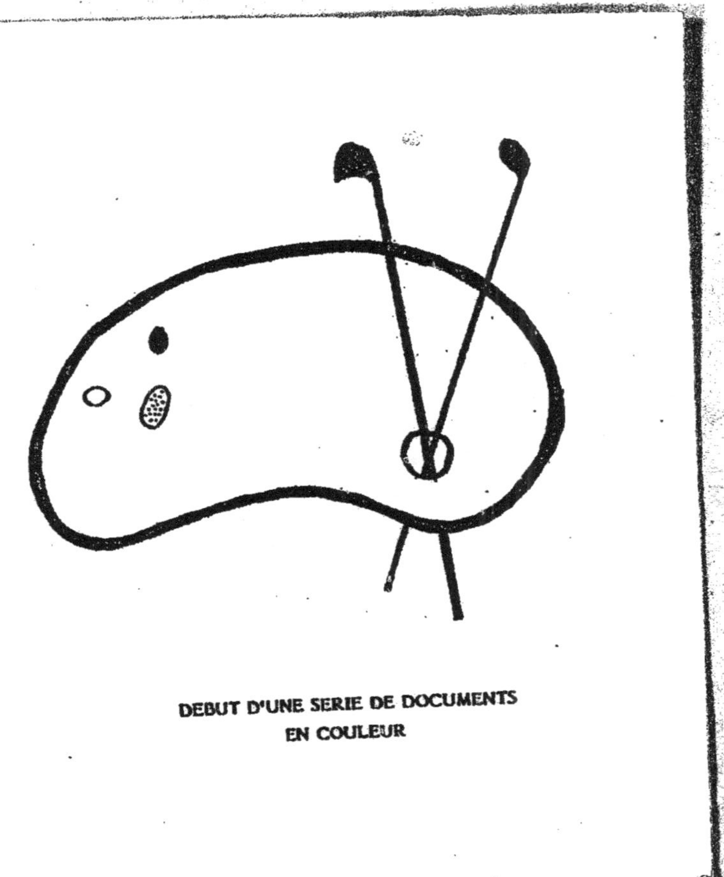

DEBUT D'UNE SERIE DE DOCUMENTS
EN COULEUR

Couverture inférieure manquante

SCIENCE ET RELIGION
Études pour le temps présent

LA
PHILOSOPHIE DES SCIENCES
ET LE
PROBLÈME RELIGIEUX

PAR

le Vicomte Robert d'ADHÉMAR
Professeur à la Faculté libre des Sciences de Lille

PARIS
LIBRAIRIE BLOUD & Cie
4, RUE MADAME ET RUE DE RENNES, 59
1904

SCIENCE ET RELIGION
Études pour le temps présent. — Prix 0 fr. 60 le vol.

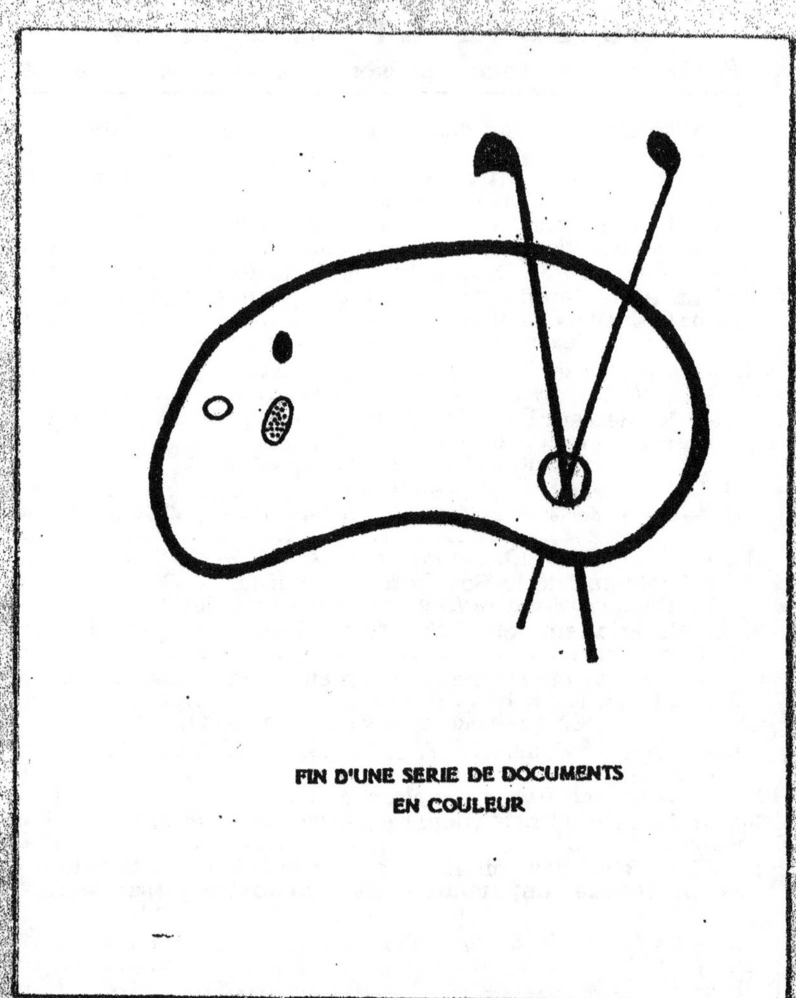

FIN D'UNE SERIE DE DOCUMENTS
EN COULEUR

LA PHILOSOPHIE DES SCIENCES

ET LE

PROBLÈME RELIGIEUX

SCIENCE ET RELIGION
Etudes pour le temps présent

LA
PHILOSOPHIE DES SCIENCES
ET LE
PROBLÈME RELIGIEUX

PAR

le Vicomte Robert d'ADHÉMAR

Professeur à la Faculté libre des Sciences de Lille

PARIS

LIBRAIRIE BLOUD & Cie

4, RUE MADAME ET RUE DE RENNES, 59

1904

PREFACE

La philosophie des sciences a totalement modifié ses points de vue, en France, dans les dix dernières années du XIXᵉ siècle. Je voudrais montrer la très grande importance de ce mouvement d'idées et faire saisir quelles pourront en être les lointaines conséquences...

*
* *

L'on pourrait diviser les Sciences en trois groupes :

Sciences mathématiques : Etude des dépendances abstraites.

Sciences physico-chimiques : Etude des non-vivants.

Sciences biologiques : Etude des vivants.

Il semble qu'ici l'influence du temps se fera sentir d'une manière plus profonde que chez les êtres inanimés où un phénomène semble bien n'être déterminé que par ceux qui viennent de le précéder. Pour les vivants, les phénomènes qui ont précédé à intervalle de temps fini restent influents : c'est la doctrine même de l'évolution.

Mais c'est à peine si les Sciences de la vie commencent à devenir *rationnelles*.

Il n'en sera pas parlé ici.

C'est surtout des Sciences *physiques* que nous nous occuperons.

Comme, d'ailleurs, la Physique théorique est, par un côté, une Analyse mathématique appliquée, nous examinerons d'abord rapidement les *Mathématiques* en quelques pages qu'un lecteur non géomètre pourra laisser de côté.

LES MATHÉMATIQUES

L'Arithmétique et l'Algèbre sont les branches les plus *pures* de la Mathématique. L'Analyse Infinitésimale use de notions si complexes, de méthodes résultant d'une si longue élaboration, que l'étude philosophique en est impossible à quiconque n'a point vécu dans le sanctuaire.

Je n'en parlerai guère. Aussi bien l'une des premières propositions de l'Arithmétique, rapidement étudiée, suffira à montrer un aspect très important de la méthode mathématique (1).

Prenons l'addition.

L'on a :

$$2 + 3 = 5$$
$$3 + 2 = 5$$
$$2 + 3 = 3 + 2.$$

Si l'on remplace respectivement les nombres 2 et 3 par des nombres quelconques, l'on vérifiera que leur somme est indépendante de l'ordre dans lequel ils sont écrits.

Mais *vérifier* n'est pas *démontrer*, car « il n'y a de science que *du général* (1) » et pour vérifier il faut choisir deux nombres particuliers.

Soient donc deux nombres entiers quelconques, a et b. Nous voulons *démontrer le théorème* :

$$a + b = b + a.$$

M. Poincaré a prouvé péremptoirement qu'il n'est qu'une démonstration valable, celle-ci :

L'on part de l'*identité* :

(1) $$1 + 1 = 1 + 1.$$

L'on *vérifie* par des *raisonnements analytiques* que si l'on a

(2) $$a + 1 = 1 + a,$$

cela reste vrai lorsque a est remplacé par le nombre entier suivant $(a + 1)$.

Alors l'on peut dire :

Puisque l'égalité (2) a lieu pour $a = 1$, [d'après l'identité (1)] elle a lieu encore pour $a = 2$.

Puisqu'elle a lieu pour $a = 2$ [d'après ce qui précède], elle a lieu pour $a = 3$... et ainsi *indéfiniment*.

Donc l'égalité (2) a lieu quel que soit (a). Poursuivons et partons de :

(2) $$a + 1 = 1 + a.$$

L'on vérifie analytiquement que si l'on a :

$$a + b = b + a\,;$$

ceci restera vrai lorsque b est remplacé par l'entier suivant $(b + 1)$.

Donc de (2) l'on déduit :

(3)
$$a + 2 = 2 + a.$$

De (3) l'on déduit :

(4)
$$a + 3 = 3 + a$$

et ainsi *indéfiniment*.

Donc :

$$a + b = b + a,$$

quels que soient les entiers a et b et cela est démontré par une série de raisonnements disposés « en cascade ». — C'est ce que l'on appelle une *démonstration par récurrence*.

Nous devons conclure, avec M. Poincaré, que le raisonnement par récurrence est l'un des fondements de la mathématique.

Son caractère essentiel est de *condenser une infinité de syllogismes* et d'être *irréductible au principe de contradiction*.

Et c'est par là même qu'il est *fécond*. Là, et là seulement, se trouve l'explication de ce fait que la science mathématique progresse, conquiert, — est souverainement créatrice, bien loin de se réduire à une immense *tautologie*.

Le principe de contradiction ne suffirait donc absolument pas à fonder la science mathématique.

Le mathématicien fait usage d'une sorte d'induction, induction, d'ailleurs, qui entraîne la certitude, car elle n'est que « l'affirmation de la puissance de l'esprit qui se sait capable de concevoir la *répétition indéfinie* d'un même acte dès que cet acte est *une fois* possible (1) ».

Nous avons ainsi, dès l'abord, rencontré l'*infini*. « Après tout nombre entier il en existe un autre (2) » ; — voilà l'infini de l'Arithmétique, l'infini *dénombrable*.

L'Analyse introduit les notions très subtiles de continu, d'infiniment petit, d'infini *non dénombrable* ou transfini (3) avec l'opération fondamentale de « passage à la limite ».

Ce n'est point ici le lieu d'insister sur la méthode ; il nous suffit d'avoir noté, avec M. Henry Poincaré, l'importance fondamentale du raisonnement par récurrence dans la Mathématique pure.

Au premier rang, après l'Arithmétique, l'Algèbre et l'Analyse vient la Géométrie, science mathématique, non expérimentale, car elle n'a demandé à l'expérience que l'*occasion*, le prétexte de se constituer.

Il serait intéressant d'exposer l'*équivalence* (4) de la géométrie euclidienne et des géométries non euclidiennes. Il faudrait avouer que, dans la Géométrie ordinaire, il est des postulats plus ou moins implicitement admis dont le dénombrement commence à peine à être fait (5).

Il est difficile de démêler quelles sont les habitudes d'esprit ancrées dans la race, le sentiment esthétique, le désir plus ou moins conscient de simplicité et de commodité qui ont présidé au développement de la Géométrie.

La discussion philosophique serait ici très ardue. Disons simplement qu'ici, bien plus encore, le principe de contradiction eut été absolument impuissant à constituer la science.

Taine, dans son livre « De l'Intelligence », a bien tenté de donner une *démonstration* de certains *postulats* de la Géométrie. S'il a échoué, c'est que la science dont il s'inspirait, la science de la première moitié du XIXe siècle, procédait d'un rationalisme un peu étroit et naïf.

*
* *

Nous devons donc affirmer avec Kant et contre Leibniz que la méthode mathématique n'est nullement « une promotion particulière de la logique générale (6) », puisque l'on découvre, dans les éléments mêmes, « un mode de raisonnement qui est autre que la déduction logique. Il consiste à généraliser avec force démonstrative le résultat d'une démonstration particulière (7) ».

LA MÉCANIQUE

Nous avons constaté que le mathématicien fait une sorte d'induction, « induction apodictique », dit M. Boutroux.

C'est une toute autre sorte d'induction qui se présente dans la Physique.

Nous devrons envisager d'abord la Mécanique, introduction naturelle à la Physique, en tant que science des mouvements des corps indépendamment de leurs changements d'état calorifique, lumineux, magnétique, électrique, etc.

Comme pour la Géométrie, les considérations philosophiques apparaissent ici tellement abstraites que nous devrons être très bref.

L'on peut adopter plusieurs modes très différents pour l'exposition des *Principes de la Mécanique.*

Prenons le cas, très simple, d'un treuil qui soulève un fardeau. Le corps est soumis à l'action d'une *force* : son poids. Et, pour une différence de niveau créée, le corps a effectué un *travail* résistant qui est le produit du poids par la différence de niveau.

Ayant effectué ce travail résistant (ou négatif) l'on dit que l'*énergie* du fardeau a augmenté d'un nombre égal à celui qui mesure ce travail (1).

Ici donc les deux termes, *force* et *énergie*, sont liés par une relation très simple. Dans des cas moins banals il n'en va pas de même. En général, pas plus pour la force que pour l'énergie, l'on ne peut concevoir une définition claire, compréhensive, une *définition géométrique*.

Mais, assurément, il existe toujours un lien entre ces deux conceptions attachées au mouvement des corps.

Laquelle des deux notions prendra-t-on comme *notion première* pour l'exposition ?

Le *système classique* prend la force et, d'ailleurs, les divers auteurs la conçoivent différemment.

Le *système énergétique*, au contraire, prend l'énergie pour point de départ (2).

Chaque système est recevable.

La forme didactique déductive des traités de Mécanique Rationnelle pourrait donner l'illusion d'une continuation, d'un prolongement de la mathématique pure.

Il ne saurait exister plus grossière confusion : un *abîme* sépare l'Analyse pure de la Mécanique et de la Physique.

Il y a une soudure, mais le point de séparation n'est pas dissimulé par elle.

Et combien les fausses évidences et certain esprit géométrique un peu raide risquent de devenir dangereux dans la Mécanique !

En faut-il un exemple ?

Il semblait bien « naturel » d'admettre l'*indépendance des effets des forces*. Cela paraît conforme à ce qui se passe dans les machines et cela conduit à une construction géométrique très simple : « le parallélogramme des forces ». Cette conception simple, cette forme mathématique commode avaient fait ériger l'Indépendance des effets en *Principe absolu*, intangible.

Il paraissait « évident ».

Or, M. H. Poincaré a remarqué que le Principe semble en défaut dans certain phénomène électrique !

De même, le Principe de l'*égalité de l'action et de la réaction* aurait pu être tenu pour certain, pour évident, pour « démontrable » même, par quelques-uns. — Il n'en est rien, car M. H. Poincaré a prouvé qu'il n'y a là qu'une *définition* (3).

Le prétendu Principe est une partie de la définition de la force.

Il serait inutile d'insister, mais retenons seulement ceci : Les Principes de la Mécanique sont bien, en un sens, le *résidu*, la *quintessence* (4) d'innombrables expériences. Mais ces résidus ne sont pas parfaitement clarifiés, ils restent légèrement troubles.

De même que la nature de l'alcool dépend de la structure des alambics et filtres d'où il sort — de même, tout *principe* scientifique, et même tout *fait* scientifique dépend, dans une certaine mesure, de l'esprit qui l'énonce.

Plutôt que « résultats d'expérience », les principes sont « une manière d'interroger l'expérience (5) ».

C'est là une question philosophique fondamentale sur laquelle nous reviendrons.

*
* *

N'oublions pas enfin de remarquer que l'Induction faite ici n'est plus en rien semblable à celle du mathématicien.

Nous admettons ici qu'un ensemble E de phénomènes ayant été suivi du phénomène A, chaque fois que l'on aura un ensemble E' assez semblable à E, il s'ensuivra un phénomène A' assez semblable à A.

C'est affirmer *quelque ordre régulier* dans l'Univers. Que vaut cette affirmation ?

Mais ceci nous entraîne hors de notre cadre.

C'est de la méthode scientifique qu'il s'agit surtout.

Ce qui précède, ce que nous avons voulu faire pressentir va prendre un relief tout à fait saisissant si nous entrons dans le domaine de la Physique, dans celui de l'Optique, pour choisir un point bien saillant.

LA PHYSIQUE

Qu'est la lumière ?

Pour les scolastiques, c'était une « émission de particules luminifères ». Tout s'explique pourvu que l'on forge un mot nouveau ! Pour avoir raison d'une énigme l'on crée un nom, de même que, pour savoir s'il est des taches sur le soleil, l'on va lire Aristote, mais l'on se garderait bien de prendre une lunette...

Le cartésianisme a été la réaction violente contre cet état d'esprit. Outré par un verbiage qui devenait inquiétant, Descartes pose, à la base de sa philosophie, ce postulat que « l'essence de la matière c'est l'étendue » et par là les anciennes qualités occultes des corps seront remplacées par des combinaisons, plus ou moins complexes, de mouvements et de vibrations des molécules.

La *matière étendue* et les *tourbillons* sont le fondement de la philosophie naturelle de Descartes pour qui « l'univers est une machine où il n'y a rien du tout à considérer que les figures et les mouvements de ses parties ». Rien n'échappe au mécanisme universel que la *pensée*, radicalement hétérogène à l'*étendue* (1).

Donc, la lumière, pour Descartes, est un mouvement tourbillonnaire, mais — il faut bien le dire — Descartes ne constitua pas une bonne optique physique, car il y a, pour lui, *transmission instantanée* et « il ne peut, dit Verdet, de cette étrange notion déduire l'explication d'aucun phénomène (2) ».

Newton, dans son *Optique*, paraît hésitant entre la doctrine de l'ondulation et la doctrine de l'émission, et c'est, peut-être, ce qui rend cet ouvrage nettement inférieur à l'immortel *Livre des principes*. Quoi qu'il en soit des variations de sa pensée propre, les newtoniens se sont fermement attachés à l'idée d'émission : les corps lumineux émettraient des particules pourvues d'une pointe. Les milieux transparents seraient ceux que la pointe traverse, les réflecteurs seraient les surfaces sur lesquelles la pointe rebondit, comme une bille sur une bande de billard, et, soit dans la réflexion, soit dans la réfraction, les corpuscules lumineux suivraient toujours le plus court chemin, conformément au principe de mécanique appelé *Principe de la moindre action* (3).

Au commencement du xixᵉ siècle, cette théorie

de l'émission se trouva en présence de faits nouveaux de la plus haute importance, et qui étaient en contradiction avec elle.

L'on tenta de surajouter des hypothèses… force fut bien de se rallier à une autre théorie, d'aspect cartésien, la *théorie des ondulations*, ébauchée par Huyghens et Young, créée par Fresnel.

Auguste Fresnel écrivait, le 5 juillet 1814, à son frère Léonor : « Suivant le système de Newton, les molécules lumineuses s'élancent des corps radieux pour arriver jusqu'à nous. Mais n'est-il pas probable que, dans un corps qui lance de la lumière, les molécules lumineuses doivent être chassées avec plus ou moins de vitesse, puisqu'elles ne se trouvent pas toutes dans les mêmes circonstances ? Or, si l'on admet que les molécules lumineuses, en partant du soleil, par exemple, peuvent avoir différentes vitesses, il s'ensuit qu'elles peuvent avoir différents degrés de réfrangibilité… Il s'ensuivrait que les premiers rayons qui nous arriveraient après une éclipse de soleil seraient des rayons rouges. Or, d'après un calcul que j'ai fait, il s'écoulerait assez de temps entre l'arrivée des rayons rouges et des rayons violets pour que nous aperçussions la différence de couleur. Mais nous savons par l'expérience qu'il n'en est rien… Je suis fort tenté de croire aux vibrations d'un fluide particulier pour la transmission de la lumière et de la chaleur (4). »

La théorie de l'émission et celle des ondulations conduisent à des conclusions contradictoires relativement à la *vitesse* de la lumière. D'après la première, la vitesse serait *plus grande* dans l'eau que dans l'air. Foucault a prouvé par l'expérience que la lumière se propage *moins vite* dans l'eau que dans l'air (5).

Ce fut la condamnation définitive de l'ancienne théorie d'émission.

Une image assez bonne du phénomène ondulatoire *acoustique* nous est donnée par ces petits bourrelets circulaires d'eau qui s'agrandissent en s'affaiblissant progressivement à la surface d'un bassin, dans lequel nous avons jeté une pierre.

Mais, dans l'ondulation *optique*, la vibration serait, au contraire, transversale, perpendiculaire au rayon — en sorte que nous pouvons nous représenter un rayon lumineux comme un ruban d'*éther* agité, se déroulant droit devant lui, en serpentant.

L'éther vibrerait comme une corde, fixée par une extrémité, tendue primitivement, et à l'autre extrémité de laquelle on imprimerait une secousse brusque perpendiculaire à la direction primitive. L'on voit alors la corde dessiner des ondulations dans un plan.

L'éther, fluide répandu partout, dans les espaces interplanétaires comme dans les corps solides, serait élastique comme l'acier et si léger qu'un volume d'éther égal à celui de la terre ne pèserait que quelques kilogrammes.

« Cette théorie, disait M. Henry Poincaré (6), explique presque tous les faits actuellement connus en optique, et s'il en est quelques-uns qui échappent à une explication immédiate, il suffit de quelques modifications de détail dans les hypo thèses de Fresnel pour en rendre compte... Dans la théorie de l'*émission* il y avait *autant d'hypothèses que de faits* à expliquer ; dans celle des *ondulations*, il y a, il est vrai, un certain nombre d'hypothèses, mais beaucoup moins que de faits expliqués. Il est donc probable que, quel que soit le sort réservé à la théorie de Fresnel, la plupart des résultats subsisteront toujours et que son étude restera toujours utile. »

Prenons, par exemple, ce fait très simple : un rayon lumineux traverse un écran par une fente extrêmement petite. Derrière l'écran, seule la région située dans le prolongement du rayon de lumière devrait être éclairée, d'après la théorie de l'émission.

Il n'en est rien ; toute une zone, derrière l'écran, devient lumineuse. Chacun voit que ceci pourra être fort bien en harmonie avec la théorie ondulatoire. Cette théorie explique bien aussi le phénomène d'*interférence* : de la lumière, superposée à de la lumière, peut produire de l'obscurité (7).

L'on ne voit pas deux émissions de même direction se détruisant réciproquement. L'on voit, au contraire, fort bien, deux vagues superposées s'annulant l'une l'autre si le faîte de l'une vient à coïncider avec la base de l'autre.

Dans ces dernières années, la théorie a reçu une magnifique confirmation : M. Lippmann, en matérialisant, pour ainsi dire, les ondes hypothétiques de Fresnel, a fait la photographie des couleurs (8).

Cependant, au milieu du xixe siècle, Maxwell faisait une autre *synthèse théorique* de la lumière.

Ampère et Fresnel avaient bien eu l'intuition de rapports intimes entre les phénomènes optiques et électriques, « mais la nature de ces rapports nous échapperait peut être encore si le génie de Maxwell ne l'avait devinée (9) ».

Un fil de cuivre laisse passer le « courant » d'une pile, il n'en est pas de même d'un fil de soie. L'ancienne physique disait que le premier fil est *conducteur* et que le second est *diélectrique*. L'on regardait les corps tels que le bois, la soie, le verre, comme *plus résistants* que les métaux. Maxwell a eu l'intuition que ce n'est pas « résistance plus grande » qu'il faut dire, mais bien : « résistance de nature différente ». A ses yeux, la résistance, très faible, des *conducteurs* est comparable à celle qu'oppose un *fluide visqueux*, et la résistance, très grande, des corps non conducteurs ou *diélectriques* est comparable à la résistance d'un *ressort bandé*.

Maxwell, se reprenant d'ailleurs plusieurs fois, se contredisant lui-même constamment, crée une électrostatique et une électrodynamique des diélectriques ; il étudie comment se propagent, avec ses hypothèses, les perturbations électriques créées par les vibrations périodiques d'un champ magnétique et il trouve que la vitesse de propagation doit être celle de la lumière. De là à affirmer que *la lumière* est due à une suite de *courants alternatifs* qui se propagent dans un *éther diélectrique* (substitué à l'éther élastique de Fresnel), courants qui changeraient de sens plusieurs millions de fois par seconde, il n'y avait qu'un pas à franchir et Maxwell l'a franchi avec une audace qui eût fait traiter de fou un homme médiocre (10).

L'œuvre de Maxwell est pleine d'incohérences logiques ; il a *deviné* le lien des phénomènes électro magnétiques et optiques et il n'a fait qu'*esquisser* une théorie rationnelle. Après sa mort, Hertz réalisa ces ondes dont il avait prophétiquement affirmé l'existence (11).

La théorie de Fresnel a eu comme consécration la photographie des couleurs ; — celle de Maxwell a trouvé son application pratique dans la *télégraphie sans fil* à laquelle le nom de M. Brauly restera attaché.

Et voici donc acquises *deux conceptions* satisfaisantes, *très différentes* mais *équivalentes, en somme,* des phénomènes lumineux. N'est-il point admirable que, dans l'intervalle d'un siècle à peine, une théorie ruinée, celle de l'émission, ait pu être deux fois remplacée?

Mais l'histoire des idées scientifiques est plus belle encore. Il est des hommes, pour l'honneur et la gloire de l'humanité, des amants de la Nature, qui, penchés fiévreusement sur elle pour sentir son divin frémissement, amoureux du mystère qu'elle porte en son sein, désireux de se rapprocher d'elle, de l'étreindre, de s'identifier à son unité majestueuse et infinie, la contemplent activement avec toute la force de pensée qui est en eux...

Maxwell avait apporté, dans notre conception du Cosmos, plus d'unité, puisqu'il reliait l'optique à l'électricité. Une nouvelle école, à la tête de laquelle se trouve M. Lorentz, a rattaché tout récemment ces deux sciences à la chimie physique par une nouvelle théorie qui a pour but de mieux rendre compte de phénomènes, tels que l'*aberration*. Pour M. Lorentz, l'électricité adhère à la matière, et les phénomènes électriques sont dus à certaines petites masses matérielles très ténues et chargées d'électricité ; il appelle ces petits corps des *ions* ou *electrons*. La théorie de M. Lorentz a fait prévoir le phénomène de M. Zeemann où le magnétisme agissant sur une source lumineuse monochromatique vient la modifier dans la durée de sa période et la polariser.

C'est une *nouvelle théorie d'émission* qui renaît et à laquelle les découvertes récentes sur les rayons cathodiques, les substances radio-actives, etc.., donnent un grand prix.

D'une ampoule vide, où jaillit l'étincelle électrique, sortent des rayons dits *cathodiques*, déviables par l'aimant et déchargeant les conducteurs électrisés.

Les physiciens ont tout de suite interprété ces rayonnements par l'hypothèse des *électrons*, tandis que l'interprétation par les ondes de Fresnel, très *longues,* ou par les ondes de Maxwell, très *courtes*, ne semble pas facile.

*
* *

Il paraît inutile de donner plus d'ampleur au récit de « l'histoire des variations » des théories optiques.

L'on peut dire que les trois théories *des ondes élastiques, des ondes électriques, des électrons*, sont chacune à peu près satisfaisante.

De chacune une part demeurera et d'autres théories verront le jour...

Le spectacle de l'évolution des théories physiques ne mériterait-il pas d'appeler notre méditation profonde alors que nous avons devant les yeux ces *trois conceptions scientifiquement équiva-*

lentes des phénomènes électro-optiques, par l'éther élastique, par l'éther diélectrique, par les ions ?

L'équivalence des conclusions de théories qui sont contradictoires entre elles dans leurs hypothèses fondamentales nous empêche absolument de voir dans aucune de ces théories une explication intégrale et définitive *des choses.*

Une théorie n'est donc qu'un langage destiné à traduire les rapports réels décelés par l'observation et l'expérience. Les trois théories optiques sont trois langages différents. Dans une recherche déterminée l'une des images est meilleure, celle qui est source plus féconde de découvertes.

Mais, oserait on parler de la *vérité* d'une théorie alors que la moindre éducation mathématique permet de saisir que le nombre des théories équivalentes en somme, et contradictoires dans leurs hypothèses essentielles, est illimité ?

Il ne nous paraît pas bien nécessaire d'insister sur ce point.

Une théorie de la science rationnelle est un système d'images, de symboles, qui synthétise le connu et sert de guide pour avancer vers l'inconnu, système rationnel qui, s'il a de la valeur, suggèrera l'idée de la recherche de faits nouveaux.

Il n'est pas question (12) « d'une adéquation de la pensée aux choses, mais d'une analogie ou proportion exacte entre les relations de nos symboles et celles qui existent dans les choses. » Notre langage scientifique doit donc être *proportionné* aux choses ; en outre, il devrait être d'une parfaite *cohérence logique*. Or, cela arrive-t-il en effet ?

Il faut bien avouer que non. L'incohérence logique est manifeste à la base de la mécanique. Pour rester dans le domaine de l'optique, nous remarquerons avec M. le Roy que la démonstration des deux lois de la réflexion exige que l'on ait un *miroir plan*. Et l'on construit précisément un miroir plan en s'appuyant sur les lois de la réflexion.

Il est ainsi, à la base des sciences physiques, certains cercles vicieux *dont on ne peut logiquement sortir !*

Et cependant l'ensemble de la science progresse de la manière la plus grandiose, la plus éclatante.

C'est qu'une théorie ne se dévide pas automatiquement comme un ruban, elle se déroule comme un grand combat où l'action a lieu constamment sur plusieurs points à la fois. Les parties en sont solidaires les unes des autres : *une théorie est un organisme vivant.*

M. P. Duhem (13) l'a, croyons-nous, nettement formulé le premier : une *vérification* expérimentale ne porte jamais sur *une* hypothèse, sur *une* loi isolée, mais toujours sur *un ensemble inséparable* d'hypothèses ou de lois.

Et, disons-le encore, l'on ne saurait jamais vérifier que tel ou tel système d'hypothèses est *vrai absolument*, mais seulement qu'il constitue un système de symboles acceptable, proportionné au réel.

M. Wilbois écrivait naguère : la Science ne nous révèle pas le fond des choses ; tout au plus nous révèle-t-elle le fond de nous-mêmes.

Examinons de plus près ces langages symboliques de la Science rationnelle. M. H. Poincaré disait au sujet du *continu mathématique* : « On est forcé de conclure que cette notion a été *créée* de toutes pièces par *l'esprit*, mais que c'est l'*expérience* qui en a fourni l'occasion ». Dans ses études magistrales sur les fondements de la géométrie, l'illustre savant a insisté encore sur le *rôle créateur* de l'esprit dans la science théorique. Ce rôle est très considérable dans la physique, et il faut lire l'œuvre philosophique de M. Gaston Milhaud (14) pour se bien pénétrer de ce qu'il y a de relatif dans le symbolisme des théories physiques, de ce qu'il y a de *spontané* dans les intelligences qui ont créé ces symboles : « Condillac lui-même, dit-il, a beau s'ingénier pour expliquer l'entendement par la seule sensation, il ne méconnaît pas tout ce qu'il y a d'*actif* dans les opérations intellectuelles et même tout ce qui implique jusqu'à un certain point le *choix* de la direction dans la formation des concepts ». M. Milhaud montre combien, en suivant trop à la lettre les conseils de Bacon et Comte, nous en arriverions, pour éviter l'erreur, à l' « immobilité ». A la lumière des savantes études de M. Duhem il nous fait comprendre comment, si au lieu d'avoir été *physiologiste* il eût été *physicien*, Claude Bernard eût reconnu que « *l'intervention de l'esprit* dans l'expérience la plus simple d'optique ou d'électricité, par exemple, est déjà *bien autre chose qu'une simple divination anticipée des phénomènes* ».

Ici, bien plus nettement que dans ce qui précédait, apparaît la grandeur et la difficulté du problème philosophique qui surgit.

Ce n'est plus simplement l'induction toute subjective de la mathématique ! Ce n'est plus simplement, comme dans la mécanique, la difficulté du choix, comme point de départ, entre la *force* et *l'énergie*, deux éléments auxquels, dans les cas simples, l'on peut assigner une mesure.

Et ce n'est plus seulement le problème premier : « Des phénomènes semblables sont-ils toujours suivis de phénomènes semblables ? »

Il y a tout cela, mais il y a autre chose encore.

Nous parlons, dans l'optique, d'un éther élastique ou diélectrique que nul œil humain n'a vu, ou bien encore de *mouvements cachés* de petites masses invisibles, extraordinairement ténues, et chargées d'électricité...

La mécanique nous a habitués à parler de corps *solides* élastiques et nous imaginons un *fluide* élastique et sans masse appréciable !

La charge résiduelle du condensateur électrique nous a habitués à considérer comme fondamental, le rôle des diélectriques (rôle autrefois tenu pour *nul*) et nous imaginons un éther diélectrique comme une lame de verre !

Les machines électrostatiques nous ont donné la notion, un peu fuyante, insaisissable logiquement, de *masse électrique* et la résistance des corps à notre action musculaire nous a invités à attribuer à tout volume géométrique de matière visible une *masse mécanique*.

Nous concevons alors des masses matérielles, dont la plus grande dimension est plus petite que le millième de millimètre, nous plaçons sur ces particules des masses électriques et ce seront les électrons dont les *bombardements* occasionneront les phénomènes optiques ou électriques !

En vérité, que faut-il penser de tout cela ? N'est-il pas effrayant d'accumuler ainsi, dans la science, les *fantômes*, les *chimères*, comme eut dit Auguste Comte ? Non point, doit-on dire, ces fantômes ne sont pas inquiétants, si nous les tenons pour ce qu'ils sont : *une méthode*.

Aujourd'hui il est devenu banal, grâce à la multiplicité infinie des théories équivalentes, de regarder les théories de la science rationnelle comme essentiellement relatives, comme des *shèmes du réel*, comme des *langages proportionnés au donné*.

Qui oserait aujourd'hui parler d'un langage *adéquat* ?

Nos idées actuelles sont, je ne dirai pas plus vraies, mais certainement *mieux orientées* qu'elles ne l'étaient il y a cinquante ans.

La même époque qui voulait *démontrer* le postulat des parallèles, dit postulat d'Euclide, *a cru* à la réalité absolue de l'éther, à la théorie mécanique cartésienne de la chaleur...

Elle n'a pas réussi, ayant été beaucoup trop *aprioriste*, ayant trop cru que la nature ne demandait qu'à venir se ranger dans les cadres construits par l'esprit. C'est le contraire qui a lieu et c'est nous qui, docilement, devons défaire et refaire indéfiniment nos cadres rationnels, si nous voulons serrer de plus en plus la réalité.

Descartes avait fait trop *espérer*, Comte voudrait nous faire trop *désespérer*.

Nous devons remercier ceux qui, sous l'influence plus ou moins directe de Kant, nous ont donné une meilleure orientation, MM. H. Poincaré, P. Duhem, G. Milhaud.

LA SCIENCE ET L'INTELLECTUALISME

La Science rationnelle procède donc par shèmes approximatifs, manifestant peut-être quelque incohérence logique... Ses concepts ne doivent point être tenus pour des « absolus » pas plus l'*éther* du physicien que l'*atome* du chimiste...

Mais ce n'est là qu'un premier pas du mouvement d'idées que nous tâchons d'exposer et nous allons indiquer maintenant les vues très intéressantes de deux jeunes philosophes, disciples de M. Bergson, MM. Le Roy et Wilbois (1).

M. Le Roy résume ainsi ses thèses (2) :

I. — « Les faits que les lois doivent relier, dans la mesure où ils sont des faits *scientifiques* et non pas de simples faits *bruts*, sont FAITS par le savant, pour autant que le permettent les décrets antérieurs du sens commun. »

II. — « Les lois elles-mêmes sont ou des définitions conventionnelles, ou des recettes pratiques :

« 1° Comme définitions dogmatiques, et comme

telle seulement, elles peuvent être *générales* est *rigoureuses* ; mais, du même coup, elles cessent d'être, à proprement parler, *vérifiables*.

« 2° Comme recettes pratiques, elles ne sont pas *vraies*, mais *efficaces* ; elles concernent moins notre *connaissance* que notre *action* ; elles nous permettent de *capter* l'ordre de la nature plutôt qu'elles ne nous le découvrent. »

III. — « Les résultats de la science positive sont contingents (au point de vue de la CONNAISSANCE) :

« 1° Parce qu'ils reposent sur des principes du sens commun, sans lesquels notamment les définitions fondamentales forment de purs cercles vicieux.

« 2° Parce qu'ils procèdent d'un morcelage discursif établi par nous dans la nature et que l'analyse néanmoins montre que chacun d'eux implique au fond toute la science. »

IV. — « La Science a une valeur :

« 1° Au point de vue de notre action pratique, soit industrielle soit discursive.

« 2° Au point de vue de la CONNAISSANCE, en ce que chacun de ses résultats fournit un point de départ pour une recherche critique du RÉEL.

« Mais la science n'est ni autonome dans son ensemble, ni nécessaire dans ses détails. »

Les doctrines de cette *Philosophie nouvelle* paraissent, au premier abord, bien hardies !

A la vérité, c'était une distinction assez subtile

que celle posée entre fait *brut* et fait *scientifique*. Elle semble assez difficile à soutenir dans l'exemple choisi : *l'éclipse* ; il eût été préférable, semble-t-il, de prendre l'exemple du repérage des *hautes températures*.

L'astronomie et la physique devraient, d'ailleurs, être toujours séparées.

Le fait *brut*, le *donné*, est comme une *nébuleuse* ; le fait scientifique, c'est la nébuleuse regardée d'une certaine manière, c'est le brouillard dans lequel on examine quelques points brillants en faisant abstraction du reste.

Pour M. H. Poincaré (3) le fait *brut* et le fait *scientifique* sont *un même fait exprimé dans deux langues différentes*. Pour la Philosophie nouvelle, il est *bien plus de liberté dans l'attitude du savant, plus d'arbitraire dans le choix des points saillants sur le fond brumeux du donné.* De là cette séparation plus accentuée — et qui nous paraît légitime en bien des cas — entre *fait brut* et *fait scientifique.*

Mais alors la notion de *loi naturelle* va être grandement modifiée !

Les *lois*, ajoute M. le Roy, sont ou des définitions conventionnelles ou des recettes pratiques.

Ce mot « recette », avouons-le, nous a choqué autant que M. Poincaré : Parlez-nous des « recettes » d'un ingénieur, mais des « méthodes » d'un savant !

M. Le Roy pensait certainement, en écrivant ce mot, à ces petits stratagèmes qui sont parfois nécessaires pour le fonctionnement d'un appareil : telle fenêtre doit être ouverte et telle autre fermée... et mille autres détails que le garçon de laboratoire connaît bien mieux que le professeur.

Et, sans doute, dans tout phénomène, à côté des variables principales, il est tant de variables secondaires qui ont chacune leur très petite influence, indiscernable scientifiquement ! L'empirisme seul et l'intuition peuvent nous apprendre à nous placer dans de bonnes conditions d'élimination de ces petits effets parasites : « Stas, dit M. Wilbois, avec une manière à lui de frotter un ballon de verre... »

Ceci dit, pour justifier un peu ce mot « recette » qui est légèrement injurieux pour la Science, les lois sont-elles des définitions conventionnelles ?

Avec M. J. Hadamard (4) nous dirions volontiers « qu'il y a une hiérarchie entre les lois, qui fait que les unes sont *relativement intangibles* plutôt que les autres ».

Soit considéré, par exemple, le cas de la Mécanique Céleste. Depuis Newton cette science admirable est fondée sur l'hypothèse suivante : « l'effet d'un astre sur un autre consiste en ce que le produit de la *masse* de l'un par son *accélération* est, à chaque instant, proportionnel au produit des deux masses et inversement proportionnel au carré de la distance ».

Cela posé, l'on a un système d'Equations différentielles à intégrer, un des plus difficiles problèmes de l'Analyse.

L'on trouve un accord admirable entre les prévisions mathématiques et les observations.

Si, un jour, pour quelque nouvelle planète, cet accord se rompt, modifiera-t-on les principes de la *Géométrie*, dont il est fait usage, ceux de la *Cinématique*, ceux des instruments de l'*Optique*?

Il est certain que, d'instinct, tous les astronomes chercheraient à modifier un peu la relation newtonienne hypothétique ou la définition du temps.

Ceci est moins intangible que *cela* !

Soit encore le *Principe de la Conservation de l'énergie.*

Dans quelques cas très simples, l'on peut définir l'énergie et vérifier que les transformations mécaniques, caloriques, d'un système clos laissent son énergie à peu près constante. *Les savants ont senti qu'il y avait là un cadre si plastique, si souple, si harmonieux pour l'organisation de la Science*, que, sans même pouvoir donner une définition générale de l'énergie, ils ont posé en *principe dogmatique* la conservation de l'énergie. Ce principe est une pure définition, mais ce n'est pas à dire qu'il ne correspond à rien puisque, dans tout cas particulier simple, l'on pourra bien lui donner un sens physique assez clair, comme le dit M. Poincaré.

Ainsi donc, lorsqu'ils flairent une forme théorique, assez souple, assez compréhensive pour pouvoir vraisemblablement, dans l'avenir, « se fondre dans une harmonie supérieure (5) », les savants font d'une loi un *Principe* qui n'est plus *vérifiable* puisqu'il est *postulé*. Mais ils ne sauraient en faire autant de chaque loi ; sans quoi, ce serait l'immobilité, la rigidité de la mort...

M. Le Roy a donné de sa pensée une expression outrancière, de même que lorsqu'il a parlé des insuccès de la Science.

Par contre, sa doctrine est celle même de M. Poincaré lorsqu'il dit que les lois sont *efficaces*, non pas *vraies*.

L'illustre géomètre a souvent répété, en effet, que la Science est une classification et qu'*une classification ne peut être vraie mais seulement commode*. Cependant, dans son dernier mémoire (6), M. Poincaré est comme pris d'un scrupule et il retire un peu son extension au terme « commode. qu'il avait si souvent employé : « Cette classification est commode, dit-il, non seulement pour moi mais pour tous les hommes... ; elle restera commode pour nos descendants..., cela ne peut être par hasard. » Cette affirmation de M. Poincaré est capitale.

La Philosophie nouvelle, et *ceci est absolument*

fondamental, se sépare ici de celle de M. Poincaré. L'*évidence* évolue, dit en effet M. Le Roy, le kantisme est non point *faux* mais *étroit*, car « les conditions de commodité de l'intelligence sont *changeables* » Ceci nous paraît certain. Il est une « âme de vérité » dans cette affirmation de la Philosophie nouvelle : Telle doctrine qui satisfaisait l'esprit de nos pères est repoussée par nous ; nos neveux rejetteront une grande partie de nos manières de voir et de comprendre.

MM. Le Roy et Wilbois se séparent donc de MM. Poincaré, Milhaud, Duhem, sur la notion de *fait scientifique* et de *loi naturelle*. Ils précisent ce qui, à leurs yeux constitue la *contingence* au point de vue de la CONNAISSANCE, des résultats de la Science positive.

Les nécessités du discours nous forcent de faire un *morcelage* des choses en réalité les plus cohérentes ; notre espace, notre temps algébrique *dissocient* conventionnellement un conglomérat... Et d'ailleurs, que l'on change très peu les conceptions *optiques* ou la définition du *temps*, et la loi astronomique de Newton s'évanouit, change radicalement d'aspect... Que l'on choisisse autrement l'unité de longueur et le *temps* entrera comme facteur dans la loi de Mariotte...

Mais tout ceci ne nous conduit-il pas au scepticisme le plus absolu ?

Non point, répondent bien justement MM. Le Roy et Wilbois !

C'est l'attitude purement intellectualiste, *c'est l'obsession du désir du* discours parfait *qui sont le grand obstacle auquel se heurte l'esprit en face de la Science.*

Ces philosophes pensent, avec M. Blondel (7), « qu'il y a quelque étroitesse dans la conception qui limite la vie de l'esprit à la sphère LUMI-NEUSE ».— « Sans doute il faut répandre, autant que possible, sur le développement de l'esprit la clarté de la réflexion, mais une fois cela fait, il faut constater qu'autour de cette *lumière* il y a une *pénombre* et que dans cette pénombre se re-trouve une *activité vivante* qui ne laisse plus ramener au pur intellect. » — « Pour comprendre d'une façon complète et concrète l'*esprit*, il faut admettre que la *pensée* n'est pas tout, que la *vie* est hétérogène à la pensée. »

Vos méditations devant la Science vous mettent en présence de difficultés insurmontables — dit la Philosophie nouvelle — c'est que vous vous posez en intellectualiste pur, en logique formel, c'est que vous ne songez qu'au discours parfait

Mais *vivez donc votre Science,* que les choses s'insèrent en vous et que votre vie s'insère en elles. Vous ne serez satisfait que lorsque tout, en vous, aura été mis en action : la partie lumi-neuse, étincelante comme un éclair, tranchante comme un glaive, et la partie obscure mais chaude, qui n'éblouit pas et ne tranche pas, mais s'insinue doucement dans la réalité universelle et prend corps avec elle !

L'on n'a compris vraiment que ce que l'on peut retrouver, disent MM. Le Roy et Wilbois. Idée d'une justesse parfaite. Eh bien ! donc, passons du *statique au dynamique*, et, pour savoir dans quelle mesure l'on peut *comprendre* regardons les gestes de l'*inventeur*.

Efforçons-nous de *retrouver* avec cette inexprimable originalité qui caractérise le novateur !

« Dénouant de vieilles associations d'idées qu'on avait acceptées toutes faites, se déshabituant des routines qu'on prenait pour des évidences — dit M. Wilbois — les clartés d'autrefois, la *paix logique*, le repos de l'esprit, ont cessé dans cette *inquiétude* qui donne au caractère du savant une si éminente dignité... Il perçoit le commencement d'une lumière nouvelle, il croit simplement avoir reconquis un peu de l'intelligence perdue ; *mais il a trouvé mieux qu'une vérité, il a trouvé une route* ; et ainsi se termine, comme une monotone banalité, la découverte qui sera un scandale pour les contemporains, un trait de génie dans cent ans et l'évidence dans deux siècles. »

Nous devons *vivre notre Science*, c'est-à-dire reproduire en nous les états d'esprit des créateurs. Sans cela nous ne la connaissons pas !

Qu'il s'agisse de Physique, de Chimie ou de Politique, qui n'a reconnu mainte fois combien la connaissance livresque est peu de chose à côté de la connaissance vécue.

Mais cette pensée vécue, dans la zone obscure de l'esprit, n'est-ce point un retour à l'*inconscient*? Non point, proteste M. Le Roy ; c'est l'activité mentale *supra-logique*, analogue à l'inspiration poétique. « C'est l'unification du moi dans un progrès intellectuel vivement senti — *source de discours* — non discursive en elle-même, elle ne prend corps et ne se manifeste visiblement que par les concepts imparfaits qu'elle suscite, concepts dont aucun, sans doute, ne l'épuise ou ne l'égale, mais concepts dont chacun la montre au loin et la révèle comme son centre et sa fin. Voici que j'arrive, par exemple, au *dernier tournant* d'une recherche ardue. J'en suis à l'instant où surgit aux regards de l'intuition l'ineffable lumière de la découverte. Un pressentiment d'aurore me remplit toute l'âme. Ma pensée se meut alors sans divisions ni contours dans le silence intérieur. *Tout discours est impossible.* Non point que mes représentations soient troubles ou incomplètes. Elles sont, au contraire, trop riches, trop complexes, trop vivantes et vibrantes, trop lumineuses, trop concrètes pour que je puisse les enfermer en des mots : objets d'action intime, transcendants à la parole. *Ce n'est qu'après une cer-*

taine diminution *provenant de l'habitude qu'elles deviendront* commensurables *avec les schèmes du discours.* »

Il faut donc parler de *supra-conscient* et non point d'*inconscient,* et voici le point exact de la divergence entre l'*Intellectualisme* et la *Philosophie nouvelle* : « *Il faut entrer dans la partie obscure du savoir pour en bien saisir même les parties claires.* — Que conclure de là, sinon que, dans la vie de l'esprit, c'est la pénombre qui joue le rôle essentiel ? Le DISCOURS est subordonné à l'ACTION et le clair à l'obscur. »

La thèse est subtile assurément, elle n'est point paradoxale si l'on se reporte à ce que disait précédemment M. Le Roy : l'action est cette activité de l'esprit, si riche, si complexe, si *passionnée*, si *exaltée* — pourrait-on ajouter — qu'il n'est pas de mots pour la rendre communicable tant que cette émotion sacrée n'a pas subi une certaine diminution.

L'on pourrait objecter que, par le progrès continu de l'esprit, peu à peu deviendront commensurables avec les schèmes du discours des états d'activité qui auparavant étaient du supra-logique : *le clair rongera la lisière de l'obscur.*

Pour l'Intellectualisme, le clair arrivera à tout absorber ; pour la Philosophie nouvelle, *une zone supra-consciente subsistera éternellement, quelque grands que soient nos progrès logiques...*

En somme, est-ce à dire autre chose que ceci :
La Science ne sera jamais achevée ? Ni un homme
ni plusieurs n'aboutiront jamais à une *synthèse
discursive intégrale et définitive de l'Univers,* mais
seulement l'on peut espérer une orientation toujours meilleure de nos systèmes scientifiques et
philosophiques, jamais une solution *rationnelle*
définitive de l'énigme qui nous tourmente.

Descartes avait proclamé l'espoir grandiose du
mécanisme Universel.

Mais qu'est la *masse totale* de l'Univers, quelle
est l'*énergie totale* de l'Univers ? La Science ne
pose pas de question de ce genre. Ces notions pro-
viennent d'une gigantesque extrapolation qui ne
saurait être fondée.

Nous entrerions dans le domaine du rêve et de
la poésie pure à vouloir prendre strictement à la
lettre le mot de mécanisme universel.

Mais si un génie comparable à celui de Descartes peut nous proposer, par un élan, trop for-
midable, de dépasser le but accessible, s'il peut se
tromper sur un fait présent ou futur, il ne se
trompe jamais en fixant une orientation générale.

Il donne bien une tangente à la courbe, à l'origine, mais la courbe pourra, plus loin, être différente de celle qu'il prévoyait !

Descartes, et c'est là son grand titre de gloire, a
ouvert la voie à l'établissement d'une *image ma-*

thématique des phénomènes (8). — je ne dis pas de l' « Univers ». Il a fondé l'Algorithmie générale — je ne dis pas « universelle ».

D'abord l'on a vu la Géométrie mise en équations, puis l'Astronomie, puis la Physique. La mécanique chimique, se fait et l'on verra une mécanique biologique...

Les hypothèses s'accumuleront, bizarres et contradictoires ; on verra les systèmes apparaître et disparaître, revenir convenablement réformés et déformés...

Des naïfs chercheront dans chacun un « système du monde absolu et définitif. »

Qu'importe, l'œuvre scientifique, œuvre divine, s'accomplira. Derrière ces constructions immenses, derrière ces ruines désolées, la Mathématique, le *Nombre* se dressera et seul restera.

Est-ce à dire que je vois poindre à l'horizon une *Algorithmie universelle* aussi exclusive que le *Mécanisme universel*, qui ne serait qu'un Mécanisme universel décoloré ?

Est-ce à dire « qu'il soit possible d'expliquer intégralement par cette Algorithmie ce qu'il y a de *qualitatif* dans les phénomènes ? » Est-ce à dire que cette Algorithmie « s'étend sur le monde phénoménal tout entier dans le passé et dans l'avenir, comme une sorte de réseau qui en relierait toutes les parties entre elles par les liens d'une *inflexible nécessité* ?... »

Non point, dirai-je avec M. Charles Dunan (9) que je viens de citer, sauf que je dis *Algorithmie* là où ce philosophe dit *Mécanisme*.

M. Dunan a émis l'idée très profonde de mécanisme régressif que je rapprocherais volontiers de cette pensée fondamentale du système de M. Henri Bergson (10) : « Le temps écoulé peut être représenté adéquatement par de *l'espace* et non par le temps *qui s'écoule*. »

Je dirais volontiers que la science nous donne une *Algorithmie régressive* de la Nature, et j'entends par là que, sous les *choses*, nous arrivons à découvrir le *nombre*, mais avec le *pur nombre* nous ne pourrions reconstituer *les choses*.

Le mouvement du sang dans les artères a lieu conformément à l'Algorithmie de l'Hydrodynamique. — ce n'est pas à dire que ce phénomène soit purement et simplement hydro-dynamique.

C'est en cela que consiste, à mes yeux, la *régressivité* que j'attribue à l'Algorithmie, tandis que M. Dunan l'attribue au Mécanisme.

Tous ceux qui ont lu le beau résumé que donne M. Duhem (11) de ses idées touchant la Physique générale sentiront la parenté de son point de vue et du mien. Lorsqu'il prend les Équations de Lagrange et qu'il ajoute des termes complémentaires, *du nombre*, pour accroître la compréhensivité des théories, n'affirme-t-il pas une *Algorithmie régressive* ?

Et, disons-le encore, il ne saurait jamais être question *d'étendre les formules de cette Algorithmie beaucoup au delà du champ des expériences qui nous l'ont donnée.*

Que dirait-on de l'architecte qui raisonnerait ainsi :

10 ouvriers ont construit une maison en 2 ans et 20 ouvriers ont construit une maison pareille en 1 an. Il y a donc juste *proportionnalité inverse.* Donc 40 ouvriers feront la maison en 6 mois et 7 200 ouvriers la feront en *un* jour.

L'on voit à quel moment l'architecte se trompe, c'est lorsqu'il continue à appliquer une loi en dehors du champ de ses expériences.

N'insistons pas sur le cas des philosophes qui font exactement de même à propos du Principe de la *Conservation de l'Énergie*, soit qu'ils en veuillent tirer le déterminisme universel, soit qu'ils veuillent concilier la liberté morale avec ce Principe de Physique.

N'insistons pas, non plus, sur le cas de ceux à qui le *zéro absolu* inspire une théorie philosophique de l'origine de la matière.

Pour qu'une généralisation soit fondée, il faut que l'on reste aux alentours des données de l'expérience et de l'observation.

Sinon elle n'est qu'un « roman de l'Infini ». En cela il faut suivre Auguste Comte.

Et quant aux choses elles-mêmes, qui sont sous

nos prises, l'on peut espérer d'en formuler une Algorithmie approximative, mais l'*intellectualiste,* qui veut tout résumer en *formules claires,* n'aura que déceptions.

Chaque phénomène est *unique,* se compose d'une agglomération de *singularités.*

L'Intellectualisme est trop étroit. Lorsque Taine essaye d'expliquer totalement l'œuvre d'art par la race, le milieu, le moment, il fait, certes, œuvre belle et utile et, comme le savant qui cherche à donner une explication mécanique d'un phénomène, il a partiellement raison, mais M. Brunetière a raison également de lui répondre : « L'œuvre d'art, avant d'être un *signe,* est une œuvre *d'art,* elle existe en elle-même (12) ».

L'Intellectualisme est une prison trop étroite : « Les Allemands, disait Wagner (13), n'ont pas d'opéra national parce qu'ils sont *trop intellectuels,* trop consciencieux et trop savants pour *créer des figures vivantes* ; ils se complaisent dans les subtilités scolastiques du contrepoint... ils introduisent dans l'opéra, où il faudrait de la vie et de la passion, les complications arides... il faut que le compositeur moderne *soit homme...* »

Il est aussi impossible, dirons-nous avec M. Le Roy, de comprendre la Science d'un point de vue purement intellectualiste que de juger ou de créer une œuvre d'art par principes et par règles.

Résumons brièvement tout ce qui précède.

L'illustre géomètre qui était chargé par l'Institut du rapport sur l'état des Sciences pures en 1900, M. Emile Picard, disait en un travail dont la publication a été un événement scientifique (14) : « En retraçant l'histoire des travaux récents, je me suis efforcé d'indiquer les divers points de vue sous lesquels on peut envisager aujourd'hui la notion d'explication scientifique, et j'ai insisté sur l'importance capitale des immenses constructions que bâtit l'esprit humain sous le nom de *théories*, constructions qui constituent véritablement la Science et sans lesquelles il n'y a que des catalogues de faits. Mais j'ai, en même temps, montré leur *vanité* en ce sens que les images par lesquelles nous cherchons à nous représenter les phénomènes ne doivent jamais être regardées comme ayant un caractère définitif, aucune expérience ne pouvant établir la vérité d'une hypothèse prise isolément. De plus, ces images ne sont pas nécessairement uniques, ce qui peut permettre à plusieurs théories de se développer simultanément. On verra, peut-être, dans ces pensées, un peu de SCEPTICISME ! *Loin de là, elles sont, au contraire, essentiellement fécondes et caractéristiques du véritable esprit scientifique qui ne s'enferme pas dans une formule définitive et ne doit jamais prendre des allures dogmatiques.* »

C'est ce que M. Le Roy dit autrement : « La nature n'est pas seulement aptitude mais encore tendance au déterminisme, *bien qu'elle n'enferme par elle-même aucun déterminisme tout fait et qu'elle puisse en supporter plusieurs différents.* »

LA SCIENCE ET LA RELIGION

Nous avons donc *séparé* rigoureusement la Mathématique des Sciences de la Nature. C'était un premier point essentiel à éclaircir, afin que l'on ne parle plus de démonstration *mathématique* en dehors des Mathématiques !

Nous avons ensuite montré le caractère essentiellement *shématique* des théories rationnelles des phénomènes naturels.

Nous avons laissé entrevoir comme *but idéal, à l'infini*, une Algorithmie générale et régressive... idéal plus modeste que l'idéal cartésien, sans doute, mais dont la gloire revient à Descartes cependant !

Nous avons tenté de montrer, d'après M. Pierre Duhem, que la Science ne se compose pas de parties autonomes — d'après M. Henry Poincaré, que certaines lois approximatives sont érigées en principes dogmatiques, qui cessent d'être *vérifiables* puisqu'ils sont *postulés*, — d'après M. Gaston Milhaud, qu'une loi n'est pas *vraie* puisque, par exemple, si l'on change la définition du temps, le mouvement des planètes n'est plus régi par la loi de Newton.

MM. Le Roy et Wilbois ont insisté sur tout ceci avec une grande force.

Le mouvement uniforme est défini par les intervalles de temps égaux et ceux-ci sont définis par le mouvement uniforme : *cercle vicieux*.

L'éther de Fresnel possède des propriétés contradictoires entre elles : *incohérence logique*. L'éther de Fresnel peut être remplacé par l'éther de Maxwell ou par les électrons : *multiplicité infinie des théories équivalentes*.

Voilà ce que nous trouvons au cœur de la Science.

Et pourtant la Science se fait !

L'on a relié le « mouvement » à la « chaleur » et c'est la *Thermodynamique*, que M. Duhem ne craint pas d'appeler la Mécanique ou Physique générale.

Depuis Henry Sainte-Claire Deville, la *Physique* et la *Chimie* ne sont plus séparées nettement.

La *Physico-Chimie* est rattachée chaque jour davantage à la *Biologie*.

Guidés par des considérations de Thermodynamique et par de très habiles « images géométriques » des composés chimiques, les chimistes, depuis M. Berthelot, ont effectué des *synthèses* vraiment merveilleuses.

Et, dans l'ordre industriel, l'on transporte à distance l'*énergie* ; l'on télégraphie *sans fil* ; l'on photographiera bientôt un paysage avec tout son *coloris*...

Oui, la Science se fait majestueusement — *la vraie science ne fait pas faillite.*

Il n'est qu'un cuistre qui puisse nier le progrès, le triomphe de la Science, sa valeur immense :

> Quel est cet élixir ? Pêcheur, c'est la SCIENCE,
> C'est l'élixir divin que boivent les esprits,
> Trésor de la PENSÉE et de l'EXPÉRIENCE ;
> Et si tes lourds filets, ô pêcheur, avaient pris
> L'or qui toujours serpente aux veines du Mexique,
> Les diamants de l'Inde et les perles d'Afrique,
> Ton labeur de ce jour aurait eu moins de prix

Oui, certes, Vigny l'a compris, la Science est d'un prix infini.

Mais voici donc un *fait* : La Science progresse admirablement.

Et voici un second *fait* : Elle renferme des cercles vicieux, des incohérences logiques ; elle offre une infinité de théories contradictoires pour un même groupe de phénomènes.

Comment cette coïncidence étrange peut-elle se produire ?

Les hommes ont, tout d'abord, le besoin de pourvoir à leur vie animale. Dès que ce besoin est satisfait, les uns courent à leurs plaisirs — nous n'avons qu'à nous détourner d'eux avec mépris — les autres veulent *penser*. En particulier, ils veulent *savoir* afin de *prévoir*, ils veulent lutter contre le mystère qui les étreint de toutes parts.

Cette lutte a engendré la Science.

L'on apercevait quelque ombre de cercle vicieux. Le sens commun aidait à passer outre. L'on sentait confusément une incohérence logique. Tant pis ! Il fallait marcher d'abord et l'on reviendrait plus tard en arrière.

L'on avait cru, par exemple, avec l'éther de Fresnel, que l'on tenait un système du monde : l'éther vibrant d'une manière, c'était la lumière ; l'éther vibrant dans les corps et en agitant les atomes, c'était le chaud ; la matière elle-même, c'était de l'éther dans divers états de *condensation*.

Puis l'on a reconnu que l'optique se pouvait expliquer autrement ; que le phénomène calorifique semble *irréversible*, tandis que le Mécanisme est, par essence, *réversible*. En même temps, les hommes de laboratoire découvraient cent phénomènes nouveaux qu'il fallait expliquer.

L'on avait donc mieux à faire que se lamenter et l'on cherchait de nouvelles voies théoriques en s'essayant à les relier, plus ou moins, aux anciennes.

Ainsi s'est faite la Science, de progrès, de

reculs, d'intuitions géniales ne craignant pas, à certaines heures, de rompre avec le passé et même de briser les cadres de la Logique discursive. Une Logique plus haute, *inexprimable* conduisait le mouvement et faisait éclater les vieux cadres rationnels trop rigides en leur contour. La vie ne se laisse pas emprisonner en une formule ; et tout est vie, dans l'Univers.

Et ce que les générations successives ont fait, nous devons le refaire si nous voulons pénétrer au cœur d'une Science.

La Science ne peut être, je ne dirai pas « comprise » mais « vue » qu'en se plaçant au point de vue de l'*Histoire* et au point de vue de l'*Action* personnelle, de cette activité supra logique qui, d'une manière inexprimable, dissout les difficultés logiques, et nous fait « voir » et « sentir » la palpitation du réel.

Par exemple, le temps, l'espace, sont un *morcelage discursif* établi par nous dans la Nature.

Par une intuition supérieure nous pouvons tenter de reconstituer le conglomérat que nous avons artificiellement découpé.

Nous n'insisterons pas sur ce problème de la valeur de la Science, au point de vue de la CONNAISSANCE, en tant qu'elle peut être un *point de départ* pour une recherche critique du réel. Il nous suffit d'avoir cherché à montrer ce que la « Philosophie nouvelle » a d'excellent.

Philosophie du « devenir », qui regarde Héra-clite comme l'un de ses plus lointains ancêtres, *Positivisme nouveau*, Positivisme de l'esprit, qui cherche à fondre l'un dans l'autre Idéalisme et Réalisme, elle voudrait surtout que la *Logique statique de la preuve* cédât le pas à la *Logique dynamique de l'invention, de la découverte.*

Il fallait, en effet, que l'on perdît un peu de vue l'étude des conditions d'existence idéales d'une Science supposée faite pour examiner la Science qui se forme, qui devient...

Tous ceux qui se sont livrés à *la recherche scien-tifique,* le mathématicien dans son cabinet, le physicien dans son laboratoire, le géologue devant son terrain, tous ceux-là savent que, le plus souvent, *l'on ne fait une découverte que par des considérations que postérieurement l'on reconnaît insuffisantes.*

Alors l'on reprend la question à l'origine et l'on s'élève peu à peu, de façon dogmatique, jusqu'au résultat. Mais ce labeur complet, consciencieux, est long, pénible et si l'on avait pris cette route pour commencer, sans avoir d'abord, par des *à peu près intuitifs,* deviné un résultat l'on se serait presque toujours arrêté en chemin, harrassé de fatigue et découragé !

Cette *Psychologie,* très complexe, de l'homme de Science, doit servir de point de départ au re-nouvellement de la philosophie des Sciences, à une réaction contre les étroitesses de l'Intellectualisme.

Mais si nous avons constaté la nécessité de cette réaction pour obtenir l'intégrité, la perfection de la *vie scientifique*, à combien plus forte raison faut il réagir contre l'Intellectualisme pour obtenir la plénitude de la *vie religieuse*.

Nous avons constaté, à la base de la vie de l'Humanité, l'*activité industrielle*, destinée à assurer la conservation de la vie et l'amélioration de ses conditions.

Il est une forme plus élevée de l'action, l'*action scientifique*.

Mais nos ressources d'activité ne sont pas encore complètement épuisées, il subsiste un reliquat (1) important

Et ce reliquat d'activité, bien orienté, sera la source de *l'action religieuse* ; — mal orienté, il provoquera *l'action superstitieuse*.

Notre action scientifique, avons-nous dit, est *irréductible* à la *logique formelle*, au *discours parfait*, même dans les Mathémathiques, a fortiori dans la Physique, bien plus encore ! dans la Biologie.

Dans les Sciences même le DISCOURS est subordonné à l'ACTION ; c'est dire que notre *volonté* joue un rôle ; c'est dire que cette volonté doit être énergique et doit être *consciencieuse, scrupuleuse, bonne* — c'est dire que cette volonté doit être, par dessus tout, une « bonne volonté (2) ».

Par sa puissance dialectique et par ses intuitions mûries, contrôlées, par sa volonté ferme et loyale, l'homme de Science se délivre et nous aide tous à nous délivrer du préjugé de l'erreur,

L'œuvre scientifique n'est pas une pure opération intellectuelle, elle est aussi une œuvre de *libération morale* !

Nous pouvons l'affirmer. Et si, même dans les Sciences, le discours est subordonné à l'action, si la volonté joue un rôle important, à combien plus forte raison tout ceci doit être dit des choses religieuses.

Avec sa « bonne volonté » *l'homme religieux* contribue, de concert avec ses semblables, à constituer une « Société religieuse » au sein de laquelle il travaillera à sa complète *libération morale*.

La science est irréductible au pur discours et l'on ne peut *savoir* la Science sans une pratique assidue. Pour la connaître, il faut la faire vivre en soi, il faut pénétrer en elle. — On ne peut la juger *du dehors*, mais seulement *du dedans* !

Cela est bien plus vrai encore de la Religion avec son *Eglise Visible*, reliée par un réseau serré à *l'Eglise invisible*, société de tous ceux qui ont la « bonne volonté ».

Pour ceux qui la regardent *du dehors*, l'Eglise de Dieu n'est qu'une autorité étrangère, extérieure, une intruse qui veut nous déloger nous-même de chez nous.

Pour l'homme religieux qui la voit *du dedans*

l'Eglise de Dieu n'est pas une autorité extérieure ; elle est la société de ceux qui se retrouvent eux-mêmes, qui se reconnaissent chez eux en vivant dans son sein.

De même que j'ai laissé de côté, à cause de mon insuffisance philosophique, la question, dans le domaine scientifique, de la recherche critique du réel, de même ici, pour le problème religieux, je me garderais bien, certes, d'aborder la question analogue.

Au moment de la Renaissance, la Science n'était pas riche en faits. Si elle s'est faite, c'est que les idées métaphysiques n'ont pas manqué.

Puis la Science est devenue riche en faits et en théories, l'on est devenu plus *positif*, l'on a attribué moins de valeur à ces théories, au point de vue métaphysique, mais personne, cependant, ne ferait fi d'un grand système scientifique et métaphysique si un vrai savant doublé d'un vrai philosophe le mettait à jour.

Il en resterait sûrement quelque chose et même beaucoup si l'auteur avait un grand génie.

Il en resterait une orientation intéressante, à coup sûr. Mais l'heure ne semble pas propice à une tentative de synthèse de ce genre.

Pour l'instant la Philosophie des Sciences n'a pas mieux à faire qu'à fouiller la *psychologie du savant créateur* et à en tirer une « Logique dynamique de la découverte ».

Pour Taine, une doctrine philosophique ou scientifique était « un abstrait, c'est-à-dire un extrait. »

Pour nous il y a beaucoup de « construit », et non pas purement et simplement succession d'abstractions. L'on voit que c'est un changement de front qui s'est opéré !

Tout de même, sans demander pour cela le rejet des grandes théories intellectualistes de la Religion, *il nous paraît utile que l'on profite de ce que nous avons aujourd'hui derrière nous un long passé* religieux pour en faire et en étudier l'*histoire*, et il nous paraît utile aussi que l'on étudie le problème religieux au point de vue de la *psychologie de l'homme intérieur*, de ses aspirations, de ses inquiétudes, de la solution qu'il attend de l'énigme de la vie. Telle est l'étude philosophique fondamentale que réclame notre temps !

J'ai été bien maladroit si quelque lecteur a pu voir dans ces pages une intention malveillante à l'égard de la Science.

La Science et la Religion sont *deux choses* et je n'ai pas cherché à les confondre.

Mais elles sont des ressemblances ; l'une et autre sont les grandes libératrices de l'esprit et du cœur.

Pour l'une comme pour l'autre, CONNAITRE c'est, dans une certaine mesure, VOULOIR et, par suite, AIMER.

Bossuet l'a dit : « Il ne faut point regarder ces

deux opérations de l'âme, connaître et aimer, comme séparées et indépendantes l'une de l'autre, mais comme s'excitant et se perfectionnant l'une l'autre (3) ».

INDEX BIBLIOGRAPHIQUE

Les Mathématiques :

(1) HENRY POINCARÉ, *la Science et l'Hypothèse*, Paris, Flammarion.

(2) Jules TANNERY, *Introduction à la théorie des fonctions*, Paris, Hermann.

(3) Emile BOREL, *Revue philosophique*, année 1899, Paris, Alcan.

(4) H. POINCARÉ, *Revue de métaphysique* et *Revue générale des sciences*, Paris, Colin. RUSSEL, *Les principes de la géométrie*, Paris, Gauthier-Villars.

(5) David HILBERT, *Les principes de la géométrie*, Paris, Gauthier-Villars.

(6) et (7) E. BOUTROUX, *De l'idée de loi naturelle*, Paris, Alcan.

Voir encore : L. COUTURAT, *De l'infini Mathématique*, Paris, Alcan.

— Ch. de FREYCINET, *Essai de Philosophie des sciences*, Paris, Gauthiers-Villars.

— R. D'ADHÉMAR, *L'œuvre mathématique du* xixe *siècle*, Paris, Hermann, et *Revue des Deux-Mondes*, 15 janvier 1900 « Art et Science ».

La Mécanique :

(1) P. DUHEM, *Thermodynamique et chimie*, Paris, Hermann. H. BOUASSE, *Manuel de physique*, Paris, Delagrave.

(2) et (3) H. POINCARÉ, Mémoire inséré dans le tome II du Congrès de philosophie de 1900, Paris, Colin, et *Revue générale des sciences* « les idées de Hertz », 1897.

(4) M. Painlevé, Discussion du Congrès de philosophic, *Revue de métaphysique*, 1900, Paris, Colin.

(5) J. Andrade, *Revue philosophique*, 1895.

Voir encore : H. Bouasse, *Les principes de la mécanique*, Paris, Naud.

— J. Andrade, *Leçons de mécanique*, Paris, Société d'éditions scientifiques.

— Mach, *Les principes*, Paris, Hermann.

— L. Boltzmann, *Die principien*, Leipzig, Barth.

— H. Hertz, *Die principien*, Leipzig, Barth.

— Emile Picard, Rapport... cité plus loin, qui va être publié à nouveau par Flammarion.

— P. Duhem, *Revue générale des sciences*, 7 articles en 1903.

— R. d'Adhémar, *Les principes de la mécanique*, Paris Hermann. Capitaine Combebiac, *Enseignement mathématique*, 1902, Paris, Naud.

La Physique :

(1) P. Vignon, *La notion de force*, Société zoologique de France, 1900.

(2) Emile Verdet. *Cours de physique*, Paris, Masson.

(3) Von Helmholtz, *Sitzungs berichte der Akademie*, Berlin, 1887, et *OEuvres complètes*, t. III.

(4) A. Fresnel, *OEuvres*, cité par Jules Gay dans « la Physique et la Chimie », Paris, Hachette.

(5) Académie des Sciences, 1850.

(6) H. Poincaré, *Théories de la lumière*, Paris, Naud.

(7) H. Bouasse, *Manuel de physique*.

(8) A. Berget, *Photographie des couleurs*, Paris, Gauthier-Villars.

(9) H. Poincaré, *La théorie de Maxwell*, Paris, Naud.

(10) P. Duhem, *La théorie de Maxwell*, Paris, Hermann.

(11) Maxwell, *OEuvres*, Paris, Gauthier-Villars, et Hertz, *OEuvres*, Leipzig, Barth.

(12) L. Couturat, *Société française de philosophie*, mai 1901, Paris, Colin.

(13) *Revue des questions scientifiques*, Bruxelles, Polleunis et Centerick.

(14) G. Milhaud, chez Alcan : *la Certitude logique, le Rationnel, le Positivisme et le progrès de l'esprit.*

Voir encore : Em. PICARD, Rapport cité.

— Comptes Rendus du Congrès de Physique de 1900, 3 vol. Paris, Gauthier-Villars.

— BROCA, *La télégraphie sans fil*, Paris, Gauthiers-Villars.

La Science et l'Intellectualisme :

(1) *Revue de Métaphysique* et Congrès de Philosophie de 1900, Paris, Colin.

(2) *Société française de philosophie*, 1901.

(3) *Revue de Métaphysique*, mai 1902.

(4) *Société française de Philosophie*, 1901.

(5) H. POINCARÉ, *Thermodynamique*, Préface, Paris, Naud.

(6) *Revue de Métaphysique*, mai 1902.

(7) *Revue de Métaphysique*, septembre 1900.

(8) R. D'ADHÉMAR, *L'état actuel de la science* d'après le rapport de M. PICARD, Paris, Hermann.

(9) Ch. DUNAN, *Essais de philosophie générale*, — DELAGRAVE, et *Revue philosophique* : « Le Problème de la Vie. »

— A. HANNEQUIN, *Essai sur l'hypothèse des atomes*, Paris, Alcan.

(10) H. BERGSON, *Les données immédiates des de la conscience*, Paris, Alcan.

(11) *Revue des questions scientifiques*, 1901.

(12) TAINE, *Littérature anglaise*, 5 vol., Paris, Hachette.

— F. BRUNETIÈRE, *Questions de critique*, p. 323, Calmann Lévy, 1897.

(13) *Richard Wagner*, par Henri LICHTENBERGER, p. 41, Alcan, 1902.

(14) Rapport du Jury international. — Paris, Imprimerie Nationale, 1901. — Analysé par l'auteur de ces pages dans la *Revue de Philosophie*, juin 1902, et par M. COUTURAT, dans la *Revue de Métaphysique*, juillet 1902.

La Science et la religion :

(1) Maurice BLONDEL, *L'Action*. Paris, Alcan.

(2) LABERTHONNIÈRE, *Essais de philosophie religieuse*, Paris, Lethielleux.

(3) BOSSUET, *Méditations sur l'Evangile*.

TABLE DES MATIÈRES